ENTRETIEN

POLITIQUE

SUR LA SITUATION ACTUELLE

DE LA FRANCE,

ET SUR LES PLANS DU NOUVEAU GOUVERNEMENT.

ENTRETIEN POLITIQUE

SUR LA SITUATION ACTUELLE

DE LA FRANCE,

ET SUR LES PLANS DU NOUVEAU GOUVERNEMENT.

A PARIS,

Chez LEGER, Libraire, quai des Augustins,
N°. 44.

Et se trouve chez tous les Marchands de nouveautés.

FRIMAIRE, AN VIII.

PRÉCIS ANALYTIQUE

DES PRINCIPAUX OBJETS

CONTENUS DANS CET ÉCRIT.

INTRODUCTION. — Motifs qui ont déterminé à publier cet entretien. — De la nécessité, pour les gouvernans et les gouvernés, de se connaître, et de bien s'entendre. — Quelques principes généraux. — De la science de gouverner, ou de l'emploi des hommes.

CONVERSATION. — De l'état de la France avant le 18 brumaire, et des causes qui ont nécessité cette journée. — Du besoin d'un gouvernement. — De la position où était Bonaparte. — Anecdotes et détails sur le 18 brumaire. — Des effets immédiats et définitifs qu'il promet. — De l'espionnage. — De la division dans un gouvernement.

INDICATION de quelques idées sur la constitution. — De la formation de différens codes, pour avoir une législation simple, claire et uniforme, au lieu de celle compliquée, confuse et incohérente que

A.

nous avons eue depuis dix ans. — D'une *constitu-tion expérimentale*. — Projet d'une année pério-dique, dite *des comices*, ou *nationale*, dans le cours de laquelle, à différentes époques, afin de n'être menacé d'aucun mouvement général et convulsif, les différentes parties de la nation s'assembleraient successivement et isolément pendant dix jours, pour former des *cahiers*, ou *instructions*, exprimant le vœu national sur les impôts, les abus et la législation. — D'une *haute commission de responsabilité*. — D'une fédération partielle dans les différentes sections de la république, suivant la nouvelle division qui pourra être adoptée. — De la liberté de la presse. — Des bons livres. — Des municipalités. — Des juges de paix. — Des jurés.

EXPOSÉ des bases de la constitution nouvelle. — Organisation du peuple français. — Réduction à cinq cent mille *électeurs*, qui se réduisent eux-mêmes à cinq mille *éligibles*. — De l'égalité po-litique. — Du *sénat conservateur*. — Du *tribunat*, du *corps législatif*, des *consuls*, du *conseil d'état*, des *ministres*. — Motifs de la prorogation du pouvoir dans les mêmes mains. — De l'éducation natio-nale. — De la paix. — De l'abolition de la peine de mort. — Des finances. — De la liberté des cultes. — Du rappel des proscrits des différentes factions. — Conseils aux mécontens. — Conclusion.

INTRODUCTION.

C'EST dans les conversations individuelles, dégagées du verbiage souvent confus de la tribune publique et des assemblées nombreuses, que les hommes peuvent apprendre à se bien connaître entre eux, et à se juger sans erreur et sans partialité. C'est en se voyant de près, et dans la simplicité de l'entretien familier, qu'ils peuvent s'inspirer cette confiance réciproque qui établit dans leurs rapports une parfaite harmonie, et qui est sur-tout essentielle entre les gouvernans et les gouvernés.

On a dit, depuis long-temps, que *les mal-entendus sont la cause des crimes et des malheurs du monde.* En effet, si les hommes, au lieu de s'isoler et de se fuir, ou de se masquer et de se tromper mutuellement, pouvaient se rapprocher et bien s'entendre; comme leurs véritables intérêts sont communs, ils feraient cause commune pour opérer le bien, et on couperait, dans la racine, toutes les passions malfaisantes qui ravagent la société.

Il résulte de ces vérités que *les gouvernans doivent chercher à voir particulièrement et à entendre des hommes de tous les partis et de toutes les nuances; car souvent on ne les proscrit et on ne les aliène, que parce qu'on ne les voit ni ne les connaît.*

Les gouvernés ont le même intérêt à étudier de près les hommes qui président aux destinées publiques, et à chercher dans leurs discours privés la pierre de touche de leur conduite et le principe de leurs actions.

Heureux le peuple qui pourrait lire dans le cœur de ses magistrats, et connaître leurs sentimens secrets ! et heureux les magistrats accessibles à tous les citoyens, et qui savent consulter les opinions des individus et celle du peuple !

Combien de défiances injustes, de soup-çons et de calomnies, qui ont divisé les grandes familles sociales, seraient bannis du sein de l'état, où les hommes pu-blics pourraient mettre à nud les replis de leur ame, et où les citoyens pourraient s'expliquer franchement avec eux !

Ce sont les conférences, les rappro-chemens, les négociations, les discussions où président la franchise, et non l'envie de briller ou l'affectation sophistique ; ce sont les déclarations loyales et positives,

les explications sincères, les dialogues fa-
miliers, libres et sans contrainte, qui
préviennent les *mal-entendus*, les dissentions, les déchiremens, les renversemens
des empires, et qui inspirent cette confiance et établissent cette union qui
peuvent seules donner une véritable force
à un gouvernement.

Tout dépend des commencemens. Les
premiers pas sont décisifs, les premières
fautes sont irréparables.

*Un gouvernement naissant doit se faire
aimer et estimer, concilier les esprits,
négocier avec les passions, au lieu de
les irriter,* faire connaître sa marche et
ses desseins pour être secondé, *prévenir
les crimes et les résistances, au lieu de
se mettre dans la nécessité de les combattre et de les punir.*

L'art de gouverner est l'art d'employer

les hommes. — Il faut savoir utiliser même les élémens nuisibles. — Les obstacles qui paraissent conspirer à sa ruine, l'homme de génie sait se les approprier pour les faire conspirer à ses succès.

Mais comment employer les hommes, si on ne sait pas les rechercher et les étudier ? — Souvent, les plus précieux se cachent, et préfèrent une tranquille obscurité à un éclat dangereux. Les plus incapables sont les plus présomptueux et les plus empressés à paraître ; ils se précipitent à l'envi autour de l'autorité d'où émanent les faveurs et les emplois. . . .

Il est donc d'une double utilité pour les gouvernans et les gouvernés de se connaître réciproquement, et de s'expliquer sans détour sur leurs communs intérêts.

J'ai été conduit par ces réflexions à

publier une conversation que j'ai eue l'autre jour avec un homme justement estimé, qui approche les membres du gouvernement, et dont les discours m'ont paru devoir intéresser tous les citoyens, en leur expliquant naïvement et en détail plusieurs des causes générales ou particulières, et les effets immédiats ou éloignés des derniers évènemens, qui doivent influer d'une manière si puissante sur nos destinées.

Je rapporterai, aussi fidèlement qu'il me sera possible, ses propres expressions que j'ai recueillies avec une scrupuleuse exactitude; et chaque parti, chaque citoyen, se trouvant assister à cette conférence privée, y puisera l'horoscope des destinées futures de la république, et verra ce qu'il doit craindre ou espérer, et la règle de conduite que chacun doit se proposer pour son intérêt, et pour le bien de la patrie.

CONVERSATION

ENTRE A. ET B.

A. — Je viens, comme vous m'y avez auto-
risé, vous demander quelques instans d'entretien ; j'ai besoin de m'exprimer avec une
entière liberté. Ce n'est pas sur moi, ni pour
moi, que je désire vous parler. Je ne vous ai
jamais approché que pour vous dire franchement mon opinion sur des objets généraux
d'utilité publique, et je crois que la vérité
est le plus digne hommage qu'on puisse offrir
aux hommes puissans ou à ceux qui les ap-
prochent.

B. — Passez dans mon cabinet, nous aurons la conversation que vous demandez.

Que dit-on dans le public des derniers événemens ?

A. — Les opinions sur ce point ne sont pas
entièrement fixées. On a vu depuis si long-
temps tant de changemens et tant de pro-

messes, et si peu d'effets et de bons résultats; qu'on n'ose pas encore se livrer à l'espérance, et qu'il y a un reste d'inquiétude et de crainte qui fatigue les esprits.

On ne peut, d'ailleurs, se dissimuler que plusieurs hommes sages et d'excellens citoyens n'aient vu avec effroi la constitution renversée, la représentation nationale dissoute, et le gouvernement changé par la force militaire. — On aurait desiré pouvoir rétablir les affaires par des moyens paisibles.

B. — Si cela s'était pu, tout le monde l'aurait mieux aimé ; mais on n'est pas toujours le maître des mesures qu'on voudrait employer pour faire le bien, et les incidens survenus ont forcé de suivre un autre plan que celui qui avait été projeté.

Avant de juger un évènement politique, et les hommes qui y ont concouru, on doit examiner la nature des circonstances, et les détails de la position où ils se sont trouvés.

Et d'abord, quelle était la situation de la France, quand Bonaparte est arrivé d'Égypte? Ne nous faisons point d'illusion, et voyons les choses comme elles sont réellement.

Il n'y avait ni représentation nationale, ni gouvernement, ni constitution.—Nos conquêtes perdues, nos lauriers flétris; la paix rendue impossible, à moins qu'elle ne fût déshonorante; nos armées détruites; le nom français avili dans l'univers, et chez nos alliés comme chez nos ennemis; la république tombée dans le dernier degré d'abaissement et de misère; la nation dégoûtée et trahie; le but de la révolution manqué; les fruits de nos travaux, de nos sacrifices et de nos victoires anéantis; la lie des factions s'agitant encore et se disputant avec l'étranger les lambeaux de la patrie: voilà ce qui frappait l'observateur.

Toutes les sectes politiques et toutes les passions particulières spéculaient à-la-fois sur les malheurs publics. Les intrigues et les conspirations se pressaient autour de nous. Les uns voulaient nous donner un prince étranger; ceux-ci recourir à la dictature, ou nous rejeter dans le vague des mesures arbitraires, et dans le cercle vicieux qu'on a déjà parcouru..... — Ici des assassinats sont organisés, et le gouvernement garde le silence; la Vendée renaît de ses cendres, et un machiavélisme pervers favorise en secret les dissentions intestines. Là, les armées se battent au nom d'une république qui n'existe plus; la nation ne sait point si l'on est à la guerre ou à la paix, ni comment la guerre pourra se faire, ni sur quoi la paix pourra être basée.....

Les nations amies et les républiques créées par nous sont opprimées et dépouillées par la puissance même qui devait les protéger, et nous maudissent. Les coalisés, fiers de leurs avantages, se partagent d'avance nos provinces; l'influence des cabinets des rois se glisse dans notre cabinet et dans notre sénat.

Quel tableau présentait notre malheureuse patrie!.... Une représentation nationale passée au tamis directorial, et n'ayant conservé qu'un petit nombre d'hommes à caractère, composée d'élémens hétérogènes, avilie par une longue nullité, nourrissant dans son sein des passions haineuses, n'ayant su concevoir aucune idée grande et conservatrice, ni pro-

fiter d'aucune des crises pour affermir la révolution et se gagner le peuple.... Les ba-
lances de nos destinées flottant incertaines
dans des mains inhabiles ou timides..... Aucun plan fixe en politique et en diplomatie ;
aucun système de guerre, de finances ni de
gouvernement..... Le gouffre toujours ouvert
d'une banqueroute universelle , qui a en-
glouti toutes les fortunes, désolé, ruiné toutes
les familles, et multiplié les mécontens dans
toutes les classes de citoyens..... L'éducation publique abandonnée, et la génération naissante livrée à la plus effrayante démoralisation; la vénalité par-tout ; le dé-
sordre, la pourriture et la dissolution dévo-
rant le corps social..... — Ni lois stables , ni
constitution, ni liberté; point d'institutions
ni de garanties..... Des légions invisibles
d'espions , d'observateurs , de délateurs ,
moyens odieux nécessaires à une admistra-
tion faible; le soupçon et la peur en tous
lieux ; plus de confiance ni d'amitié; l'isole-
ment, l'égoisme, resserrant et desséchant les
ames, et bannissant les sentimens affectueux
et les passions généreuses; une apathique iu-

différence dans tous les individus sur les intérêts de l'état.....

On fait trafic des emplois et des trahisons... la probité est exilée, la justice n'est qu'un mot, le patriotisme un masque, la liberté un fantôme, la vertu un mensonge; le glaive des lois, l'arme des partis; le peuple, la victime des puissans,.... — Voilà ce que j'ai vu, et j'ai frémi en observant mon pays.

Et parmi certains hommes, des machinations perfides, des haines secrètes, des intrigues obscures fomentées par nos ennemis.... on dort sur un volcan; on boit ensemble, et on voudrait s'empoisonner : le sourire même est homicide. — On ne sait ni où l'on est, ni où l'on va. — L'état est comme un homme ivre qui chancelle, et ne peut plus se soutenir.

Telle est l'horrible position à laquelle nous venons à peine d'échapper.

A. — Je l'avouerai; ce tableau de nos malheurs n'a rien que de trop fidèle : la république tombait en lambeaux. — *Il fallait un changement : il pouvait être en mieux, et il n'était guère possible que les choses empirassent.*

B. — Il n'y avait plus qu'une sorte d'instinct national qui survivait encore, qui était l'impression profondément sentie des maux passés et présens, la fatigue résultant d'un long état de souffrance et le besoin impérieux d'en sortir.

Depuis dix ans, nous n'avions point eu de gouvernement, si ce n'est le seul comité de salut public d'avant le 9 thermidor. — Il a fait de grandes choses, qui ont été souillées par de grandes fautes. Il a poussé la force jusqu'à l'atrocité ; mais il a gouverné, il a tiré la France des plus grands périls....

A. — Les royalistes, les écrivains étrangers, les émigrés eux-mêmes lui rendent ce témoignage, que lui rendra la postérité. — Toutes les autres administrations, antérieures et postérieures, depuis 89 jusqu'à ce jour, ont dévasté notre patrie, au lieu de la gouverner.

B. — Il fallait donc un gouvernement fort et robuste, ayant et donnant une garantie, pour recueillir les débris chancelans de l'édifice politique, raffermir ses bases ébran-

lées, et le reconstruire sur des fondemens so-
lides et indestructibles.

Un gouvernement, c'était le premier besoin de la France qui périssait dans l'anarchie.

A _ Tout cela est vrai. Sous ce rapport,
on n'a fait qu'obéir au vœu de la nation et à
l'inévitable nécessité. — La France entière
a vu avec espérance les journées qui ont re-
porté les destinées publiques dans des mains
capables de les soutenir. — Mais elle attend
un résultat définitif pour fixer son opinion.

Car, si *dans les états bien constitués,
c'est l'institution qui doit former les chefs
de la république ; dans la naissance ou au
moment de la régénération des sociétés, ce
sont les chefs des républiques qui doivent
faire l'institution....* et alors, c'est de ce premier choix que dépend uniquement le sort
d'un grand peuple, pendant plusieurs siècles.

B. — Il est un autre principe, également
reconnu par les publicistes, et sanctionné par
l'exemple des peuples les plus libres de l'an-
tiquité, et des républiques les plus jalouses de
respecter les droits politiques de leurs citoyens :

toyens : c'est qu'on ne peut guère voir de nation bien constituée, ou entièrement réformée, que par un seul homme ou par un très-petit nombre d'hommes, et qu'il faut accord parfait et unité de conceptions et de vues, pour donner à un état une constitution et un régime. — Une sorte de dictature, une magistrature suprême, et concentrant le pouvoir, était impérieusement réclamée par les circonstances.

Enfin, la constitution de l'an 3 avait été tant de fois violée, qu'elle n'offrait plus qu'un vain fantôme ; et c'était hors de ses limites qu'il fallait trouver les moyens de salut.

A. — Chacun était convaincu de ces vérités ; mais, jusqu'au dernier moment, on cherchait à se faire illusion. On tenait encore à l'habitude, à ses sermens, à la crainte de franchir la barrière constitutionnelle. — Une crise était inévitable ; on la pressentait, mais on la redoutait, ne sachant ni par qui, ni comment elle pourrait être terminée.

Les yeux se sont fixés sur Bonaparte ; il a coupé le nœud gordien.

B. — Quand un membre est gangrené, il
iller dans le vif. Quand tout était pourri

B

dans l'ordre social , il fallait trancher d'une main hardie. — C'est ce qui a déterminé plusieurs patriotes à coopérer au coup violent , mais indispensable, du 18 brumaire.

A. — Si la France eût été dans une situation heureuse et paisible , ou seulement qui pût se supporter et se maintenir , avant cette époque , on pourrait soupçonner Bonaparte d'avoir eu des vues d'ambition et une soif ardente de l'autorité.

Mais je conviens avec vous que c'est le peuple lui-même qui l'appelait à le sauver. — La masse des citoyens , depuis long-temps malheureuse , sans appui , ne sachant à qui se fier , ni en qui espérer , s'est rattachée à l'homme dont la réputation était grande et brillante , et s'était soutenue , qui était absent depuis plus d'une année , et innocent de tous les malheurs survenus dans cet intervalle ; dont les talens militaires et politiques lui donnaient d'ailleurs une influence nécessaire et puissante sur la marche du gouvernement et sur les affaires générales de l'Europe , et qui paraissait pouvoir seul procurer la paix extérieure et intérieure , étouffer les partis , et fixer la révolution.

Oui, sans doute, l'histoire impartiale elle-même ne tiendra pas un autre langage. — Mais, voilà pour le passé. — Pour l'avenir, les nouveaux gouvernans seront-ils bien à l'abri des écarts et des fautes de leurs prédécesseurs ?.... ne seront-ils pas indispensablement livrés à des impulsions étrangères et souvent funestes, à l'influence invisible et contagieuse des intrigans masqués, des courtisans, des flatteurs et des hommes à parti, dont la bouche est toujours pleine de fiel, qui compromettront à-la-fois l'existence de la patrie et les intérêts et la gloire de ceux auxquels ils prodigueront les apparences trompeuses de leur servile dévouement ?....

Il aurait été à desirer que Bonaparte pût se concerter avec le corps législatif en entier, sans aucune distinction ni exclusion. — On a vu avec peine que plusieurs hommes estimables n'aient pas été appelés par lui à concourir au salut public. Il aurait trouvé en eux des intentions droites et des vues saines ; il en aurait été utilement secondé, et aucune ombre de division n'aurait obscurci la journée destinée à nous sauver.

B.--- Bonaparte a trouvé un parti en mesure d'agir, ayant des idées toutes prêtes pour la réforme de la constitution, recherchant avec avidité son intervention dans les affaires politiques; moins calomnié que l'autre dans l'opinion nationale, et n'excitant aucune haine, peut-être parce qu'il n'avait aucune couleur très-prononcée. Il a cru devoir s'unir à ce parti pour faire le bien.

Il craignait, d'ailleurs, de trouver dans le côté opposé beaucoup d'hommes irascibles et opiniâtres, qui eussent entravé la marche et fait manquer les projets, en ne voulant rien céder. — Ils n'étaient pas susceptibles d'avoir de l'ensemble.

Il a cependant voulu en voir quelques-uns, parmi les plus calmes. Mais on a éloigné ce premier rapprochement; ceux mêmes qu'il y avait invités n'ont pas paru s'y prêter.

Il leur avait fait dire dans la journée du 18: » *Ne craignez rien, soyez tranquilles, et la république sera sauvée; après demain vous serez contens; nous dînerons ensemble et nous aurons une explication franche et détaillée* ».

On s'est obstiné à vouloir soutenir une constitution pourrie...... Il avoit trop fait pour reculer. Il avoit pris sur lui la responsabilité des évènemens. Il a réussi, sans qu'il y eût de sang versé. Son vœu le plus ardent a été rempli.

A. --- Il était impossible que, vu les circonstances, et dans une grande assemblée, stupéfaite, incertaine, n'ayant ni ensemble ni concert, il n'y eût pas de résistance et même d'imprudences.

On aurait pu, je le sais, rechercher Bonaparte, le voir, s'expliquer avec lui et ensuite l'entendre. — Mais on ne connaissait que des bruits vagues, qui avaient circulé dans la matinée. — Les imaginations étaient exaltées et frappées par la défiance et par la crainte.

Il y avait des hommes trop peu flexibles et trop peu courageux, trop imprudens et trop indécis, ne sachant ni prévoir, ni prévenir, ni négocier, ni avoir au moins une force d'inertie, ni agir avec sagesse et calculer les résultats.

Il y en avait d'autres trop connus pour avoir été constamment souples et variables, et les valets de tous les partis. — Ces caractères mobiles et hypocrites effarouchaient les caractères sombres et soupçonneux.

Malgré tant de fermens de passions et de discordes, le génie de la liberté a permis, comme vous l'avez observé, qu'il n'y eût aucune victime, ni aucune goute de sang répandu. — Car la guerre civile pouvait s'ensuivre, et la France entière être embrasée......

B. — Il est un fait de détail qui n'a point été remarqué. — Dans la nuit du 19, les *Anciens* ont voulu agir sans le concours des *Cinq-Cents*, qu'ils regardaient comme s'étant refusés aux moyens de sauver la patrie. — On parlait aussi de dissoudre les *Anciens*, comme s'étant placés eux-mêmes hors de la constitution, en supprimant l'autre conseil. — Mais Bonaparte a fait réunir tous ceux des Cinq-Cents qui restaient encore à S.-Cloud, et a voulu donner le plus de légalité possible aux mesures extraordinaires où il se voyait engagé.

Personne ne niera qu'il dépendait de lui d'envahir, au moins momentanément, l'autorité suprême. Il y a eu un instant où l'état tout entier était dans ses mains ; mais il aurait trahi son pays et se serait trahi lui-même, en usurpant la souveraineté.

Les royalistes croyaient qu'il allait s'ériger en maître, ou appeller un *Bourbon*, et devenir le restaurateur du trône *et connétable de France.*

Mais nous sommes dans le dix-huitième siècle. La philosophie et les lumières ont fixé les opinions ; et vouloir tuer la révolution, aurait été l'acte d'un fou et d'un scélérat. Il n'a pas voulu de l'immortalité d'Érostrate.

Les rôles de César, de Cromwell, de Monk sont usés.

César renversa une république qui avait plusieurs siècles d'existence.—Son entreprise de moins put avoir une sorte de grandeur et de célébrité.

Le règne de Cromwell fut un éclair, et ses cendres furent jetées au vent.

Monk est flétri dans l'histoire, et n'a été qu'un personnage secondaire et méprisable.

Il restait à Bonaparte un rôle plus grand, plus beau, plus digne de lui, nouveau peut-être dans les annales des peuples ; d'anéantir les partis, d'asseoir la révolution, de faire de la politique ce qu'elle aurait dû toujours être, *l'art de rendre les hommes bons et heureux*.....

S'il n'avait reçu de la nature un visage pâle, des joues creuses et un front austère, un génie méditatif et ardent, il serait moins redoutable aux ennemis de son pays ; il aurait fléchi devant eux ; il méconnaîtrait sa gloire, et oublierait la postérité.....

A. — Vous me rappelez le mot de César, qui lisait dans les traits des Romains leur caractère et leurs destinées, et qui ne redoutait pas Antoine et Dolabella, pleins d'embonpoint et occupés de leur parure, mais bien Brutus et Cassius, dont le visage maigre, les joues livides et le sombre maintien attestaient leurs chagrins concentrés, et accusaient sa tyrannie.

B. — César connaissait les hommes.....

Certes, ce sera pour Bonaparte une assez grande gloire que d'avoir affermi les destinées de la France, et forcé tous les hommes sages, quelles qu'aient été les nuances de leurs opinions, à estimer sa modération, et à convenir qu'il a borné son ambition à faire le bonheur de sa patrie.

Il n'a pas porté les armes contre les rois,

et entouré de trophées le berceau de la république, pour s'avilir à relever un trône. Lui
aussi, il est *jacobin*, dans le sens des émigrés et des partisans des *Bourbons*.

D'autres hommes qui, le voyant de loin,
ne lui supposaient que des vues étroites et
personnelles, ont cru qu'il allait prendre le
pouvoir pour lui seul.

Mais, une réflexion qu'ils n'avaient pas
faite, c'est qu'il a déjà goûté du pouvoir suprême et qu'il sait l'apprécier ce qu'il
vaut. — En Italie, en Égypte, sa puissance
sans bornes et sans rivages, était un vrai despotisme de fait. — Il sait que *tout ce qui est
excessif ne peut se conserver ; qu'une autorité illimitée dans son exercice et dans sa
durée n'a pas de garantie, par cela même
qu'elle n'en offre aucune.*

Il sait d'ailleurs que la faction royale ne
l'aurait pas souffert sur le trône, où elle voudrait *le pur sang de ses rois*, et que les républicains n'auraient pas vu paisiblement
un maître absolu.

Il a donc aspiré à justifier la confiance de
ses concitoyens, à les convaincre qu'ils
avaient eu raison d'espérer en lui, et qu'il n'a

pour objet de ses travaux que leur bonheur et leur liberté.

On le connaîtra par ses actions, et on le jugera.

A. — Puisse-t-il persister dans ces résolutions magnanimes! il sera grand, il fera le bonheur de sa patrie; il ne sera point abusé sur ses vrais intérêts; son pouvoir ne sera point éphémère, et les siècles les plus reculés béniront sa mémoire.

Il a déjà recueilli une grande moisson de lauriers, et acquis des droits à l'immortalité; mais, plus il a fait, plus on attend de lui. — En saisissant d'une main hardie les rênes du gouvernement, il a fixé sur sa tête une immense responsabilité, comme une gloire immense. — Le concours des hommes de bien et des amis de la vérité lui est nécessaire pour l'aider à remplir ses destinées.....

Aujourd'hui, le moment de l'orage est passé; tout est calme; il faut prévenir de nouvelles tempêtes; il faut que le vaisseau de l'état, trop balloté et faisant eau de toutes parts, se repose enfin dans le port. — Il faut effacer toutes les lignes de démarcation, se rallier, se bien entendre, et sauver la république. — Mais, sur-tout, les gouvernans doivent bien se convaincre qu'ils ne pourront la sauver qu'avec ceux qui l'ont fondée. Ce sont eux qui ont le plus d'énergie et de loyauté, qui sont susceptibles de courage, de passions généreuses, de dévouement héroïque; qui se sont déclarés les amis de Bonaparte, quand de lâches détracteurs l'attaquaient en son absence; qui seuls pourront le soutenir, quand la faction royale aura ouvertement éclaté contre lui. — Voilà la vérité. — C'est en vain que les calomniateurs éternels des patriotes voudraient les présenter toujours comme des révolutionnaires et des perturbateurs, quand ce sont ceux-là même qui sont le plus las de révolutions, et qui veulent seulement maintenir la grande révolution de la république, hors de laquelle il n'y a plus que confusion, anarchie, despotisme, guerre civile et proscriptions.

Il est à-la-fois du devoir, de l'intérêt, de la gloire des gouvernans, et il importe à la France que cette révolution du 18 brumaire soit la dernière des commotions politiques ; qu'elle ne soit, comme on l'a promis, la journée d'aucune faction, mais celle des Français.

Elle doit avoir trois grands caractères : de créer un gouvernement, de conduire à une organisation constitutionnelle *fixe et garantie*, et enfin de n'être suivie d'aucune action ni réaction violente, et de ne point tourner au profit des passions ni des individus, mais de la prospérité nationale et de la consolidation du système représentatif et républicain.

B. — Telle est la volonté bien prononcée du gouvernement. — On a déjà pu le remarquer dans ses premiers actes.

Il s'est empressé de rapporter la liste de déportation, qui avait été signée deux jours après le 18, sans aucun dessein que la mesure fût exécutée, mais pour prévenir tout mouvement et laisser rasseoir les esprits. — Car, on ne savait pas encore si tout serait tranquille, et on faisait craindre des oppositions partielles et des bouleversemens intérieurs sur différens points.

Bonaparte l'a déclaré : il n'a aucune prévention, ni aucun ressentiment. Il ne connaît point de partis, mais des Français. Il pense qu'il faut utiliser tous ceux qui ont des talens et qui aiment leur patrie.

Mais il faut s'expliquer avec franchise : si le gouvernement veut sauver la république, les amis de la république doivent s'unir au gouvernement....

Tout gouvernement, comme tout individu, a le sentiment de sa conservation. Il est de sa nature de détruire tout ce qui tend à sa destruction, et de s'unir à tout ce qui s'identifie à lui.

On ne doit donc pas heurter et irriter une administration naissante ; car il faut peser les chances pour et contre, en se rattachant au gouvernement, ou en s'isolant pour résister. Avant d'attaquer, on calcule ses forces. — S'il y a des fous, royalistes ou autres, qui veuillent lutter, ils seront repoussés avec perte. — Si on est sage et calme, il n'y aura ni passions, ni vengeances, et on fera le bien de concert.

A. — Il faut sur-tout ne pas oublier qu'*au lieu de se créer, sans cesse, des partis d'opposition pour les combattre, on doit plutôt les laisser exister jusqu'à un certain point, puisqu'ils sont dans la nature des choses ;*

mais les neutraliser, ou même les diriger par une influence indirecte et adroitement dissimulée, et *ne pas pousser trop loin l'irritabilité.*

On doit aussi *ne jamais généraliser*; ce qui tend à former des factions, là où il n'y avait que des fractions. — Cette manie funeste a été la cause de la ruine de la plupart de nos gouvernemens.

B. — Elle ne reviendra plus. Un gouvernement fort doit être juste. Celui-ci a commencé par abolir la loi des otages, et les actes arbitraires qui avaient privé de leur patrie beaucoup de prêtres non-réfractaires et mariés, et d'autres citoyens. — Les mesures qui généralisent, atteignent à-la-fois les innocens et les coupables, et sont impolitiques autant qu'injustes. On ne frappera que ceux qui auront voulu frapper, et la preuve du délit sera placée à côté de la peine. — Les gouvernans auront ainsi pour eux, l'opinion, la justice, et ils conserveront leurs forces, en sachant ne les employer qu'à propos.

Il n'y aura ni conspirations factices, ni dénominations de factions, ni romans de po-

lice , résultant d'un bas et misérable espionnage.

*A.—Les délations sont en effet le ressort
d'un gouvernement faible , qui avilit une
partie des citoyens pour perdre l'autre, cor-
rompt les ames en payant l'infamie , et en-
courage à la calomnie par intérêt.* — On doit
plaindre les gouvernans qui passent plusieurs
heures du jour à lire des rapports de mou-
chards qui leur tournent la tête.

B. — Elle tournerait à tous ceux qui pourraient se livrer à ces minuties ; mais un esprit sage ne veut pas se créer des maux ima-
ginaires , en écoutant des rapports nécessairement pleins de faussetés , puisque ceux qui
les font sont les plus vils des hommes , et ne
croient pouvoir se faire valoir , et soutenir
leur infâme métier, qu'à force de mensonges
et de calomnies. — Aussi ce sera une bran-
che de nos dépenses qui sera considérable-
ment diminuée , parce qu'elle n'a pour objet
que d'inquiéter les citoyens, de tourmenter
les gouvernans , et d'entretenir des emplois
honteux. — La police générale d'une grande
république doit avoir un but plus vaste et
plus moral....

Ce ne sont pas des espions qui peuvent garantir de la mort. Chaque homme a son destin. Si on doit mourir prématurément, il s'agit moins de prendre de misérables et inutiles précautions pour l'éviter, que de mériter d'être regretté....

Quelles que soient les intentions des nouveaux gouvernans, ils ne se flattent pas cependant de ne point faire de fautes. Tous les hommes, et sur-tout les gouvernans, en font. Celui qui gouverne le mieux est celui qui en fait le moins. — Bonaparte a pour lui l'expérience, ayant déjà beaucoup gouverné et étudié les hommes et les peuples.

Juger un gouvernement avec une rigueur inflexible, est d'un homme qui ne connaît pas les hommes. — Ceux même dont on accuse la faiblesse et l'ineptie d'avoir causé depuis si long-tems les malheurs de la France, ont eu sans doute bien des torts, mais beaucoup moins qu'on ne leur en a prêtés.....

A. — Il est vrai que le mécontentement et la passion exagèrent toujours. — Les démarches ou les fautes que l'opinion attribue à ceux qui gouvernent, et dont elle fait peser sur eux tout l'odieux et tous les funestes résultats,

sultats ; n'ont été souvent que l'effet des piéges tendus par des mains perfides, et de l'erreur dont on a épaissi le voile autour de l'autorité, ou des circonstances qui sont quelquefois impérieuses et irrésistibles. — Cette réflexion même doit encourager un homme libre à se dévouer sans ménagement et sans crainte pour la cause de la vérité. *Résister aux abus du gouvernement, c'est appuyer le gouvernement.*

Les hommes puissans doivent se convaincre qu'ils ne sont jamais mieux servis que par les citoyens énergiques et austères, qui osent leur parler avec sincérité, et même quelquefois combattre leurs opinions. — Les vils automates, au contraire, les hommes-machines, les agens passifs, sont toujours prêts à trahir, pour la moindre vue d'intérêt, l'autorité qui les commande. Une obéissance stupidement aveugle et servile est un signe de lâcheté et de bassesse, qui suppose une ame étroite et corrompue. On ne peut rien en attendre de bon et de grand. Elle est capable de violer les devoirs les plus sacrés.

J'oserai pousser la franchise jusqu'au bout.

C'est l'amour de mon pays et l'intérêt de la gloire d'un grand homme qui dictent mes discours. Toute magistrature triumvirale, comme est le consulat provisoire dans son organisation actuelle, a un principe de dissention intérieure ; et aujourd'hui, sur-tout, beaucoup d'hommes à parti spéculent sur les divisions qui pourraient survenir entre Bonaparte et ses collègues. — Je ne doute pas que ces divisions ne soient très-éloignées. Mais l'étranger, le royalisme et les factions sont là, qui travailleront sourdement à les exciter ; déjà il a circulé des bruits que des malveillans ou des insensés ont accueillis et répandus avec une joie suspecte et un méchant sourire.

Tout gouvernement qui se divise, est un gouvernement perdu. — Aujourd'hui, la ruine du gouvernement entraînerait peut-être la dissolution de la république. — Il *y* a un terme à tout. Le corps politique est épuisé. Il n'a plus assez de vigueur pour résister à de nouvelles commotions. La moindre secousse nous perdrait. — *Il n'y aurait personne en position de recevoir et de soutenir la patrie.*

Derrière nous est la révolution. — Parcourons ses différens périodes. Interrogeons nos prédécesseurs. Leur expérience , perdue pour tant d'autres , ne l'aura pas du moins été pour nous.

La convention nationale se divisa dès sa naissance , et elle admit et développa dans son sein le principe de sa destruction. — La montagne , plus forte , crut pouvoir proscrire la Gironde. Elle donnait elle-même l'exemple qu'on devait imiter pour la renverser. — Mais les vainqueurs ne surent pas rester unis , et leur règne fut éphémère. — Les amis de Danton virent avec plaisir tomber Hébert, et ils tombèrent peu de jours après. — Robespierre fit traîner Danton à l'échafaud ; il ne vit pas qu'il se frayait la route. — Le comité de salut public ne pouvait être détruit que par ses propres membres , et les dissentions intérieures le perdirent. — Collot et Billaud prononcèrent leur arrêt, en livrant à la mort leurs collègues.

En dernier lieu , le 18 *fructidor* avait ouvert la brèche , pour entamer la représentation nationale et le gouvernement, et il a préparé le 22 *floréal*, *le 30 prairial*, et les évènemens qui ont nécessité le 18 *brumaire*.

Ces luttes de gladiateurs entre les gouvernans, sont au détriment de ceux-ci et de la nation sacrifiée à leurs passions et à leurs fureurs. — Quand on se livre uniquement à des plans d'attaque ou de défense personnelle, et à des intrigues de sérail, ou à des conspirations, les idées d'utilité publique ne sont plus que secondaires, et les intérêts de la patrie sont ce qui occupent le moins. — *On ne fait rien de grand avec de petites passions.* — Oh ! comme les déchiremens des factions ont fait perdre de vue les choses vraiment salutaires, et ont démoralisé les hommes puissans ! — Il faut enfin offrir, pour gage de la félicité nationale, l'assurance positive et solemnelle de l'union entre les premiers magistrats, et de la stabilité du gouvernement.

B. — Les hommes qui nous gouvernent ont suivi la révolution. Ils n'ignorent pas que celui qui renverse aujourd'hui est renversé demain, et qu'en croyant obéir à ses passions, il n'obéit qu'à l'étranger dont il est la dupe, l'instrument et la victime. Il faut respecter son égal et même son rival, pour être soi-même en sûreté, — La maxime commune est applicable sur-tout en politique : *Ne fais pas à autrui ce que tu ne voudrais pas qu'on te fît.*

Il faut d'ailleurs abolir pour toujours cette coutume barbare de se proscrire et de se déporter pour des intérêts de factions..

Bonaparte ni Sieyes n'ont pas le temps de se quereller ; ils ont à bâtir un édifice durable, un temple à la concorde, à la paix et à la liberté.

Ils croiraient manquer de sens, s'ils ne profitaient des fautes de ceux qui ont précédé.

Aussi Bonaparte n'a pas voulu être seul au timon de l'état. — Car, celui qui, par amour-propre ou par ambition, veut tout concentrer en lui seul, comme fit Robespierre, et rassembler sur sa tête tout le poids d'un vaste empire, n'a aucune garantie pour sa gloire, et n'en donne

aucune à un peuple pour sa félicité. —
Cet homme n'est point sûr de ne pas mourir avant d'avoir accompli ses desseins ,
et sa mort prématurée compromet à-la-
fois son ouvrage et sa réputation.....

A. — Tout s'écroule après lui , tout se
dissout. L'odeur de son cadavre se répand
au loin ; mais le cahos règne autour de sa
tombe , et la postérité lui reproche de n'a-
voir travaillé que pour sa vie , et de n'a-
voir pas su prévoir l'avenir ....

B. — L'intérêt de Bonaparte , comme celui de la France , est que les destinées publiques ne soient pas tellement rattachées
à lui seul , que , s'il venait malheureuse-
ment à périr , elle fût abandonnée aux in-
certitudes et aux factions.

Il a et il conservera près de lui des auxi-
liaires , unis à lui de cœur et de sentimens ,
qui ont donné des gages à la révolution , et
qui ont des idées libérales.

Ils veulent arracher la France à l'état
de fluctuation et d'anarchie où elle périssait,
lui créer des institutions et un gouvernement, la rendre indépendante des hommes ,
des partis , et sur-tout de l'étranger.

A. — Oui, sans doute, il y a encore des cœurs généreux. Ils sont émus par la gloire touchante d'arracher les Français à leurs longues souffrances ; de nous donner la paix, ce premier bienfait que l'Europe entière implore ; de ramener dans son lit ce torrent fougueux qu'on avait détourné de son cours ; de rendre à la révolution sa direction naturelle et primitive, celle qui, dans les beaux jours de sa naissance, lui conciliait les suffrages et l'amour de la masse immense des citoyens ; qui faisait espérer, au lieu d'un long enchaînement de désastres et de crimes, la réforme paisible des abus, la régénération des mœurs, la félicité publique, un gouvernement libre et protecteur, une grande famille de frères, une patrie. . . . .

« O vous qui gouvernez, voilà l'avenir que vous êtes appelés à réaliser.

Combien les plus douces espérances avaient été trompées ! comme elles s'étaient évanouies ces illusions des imaginations vertueuses ! Quel océan de sang nous avons traversé ! que de bastilles ! que d'échafauds ! Quelle sinistre influence de la calomnie !

quelle intolérance barbare des factions ! que d'assassinats ! que de fureurs !

Où s'arrêtera (s'écriait en gémissant l'ami de son pays) cette puissance du génie du mal qui préside à nos destinées ?.... quand apparaîtra-t-il à nous ce génie du bien, tant de fois invoqué, qui doit guérir nos plaies profondes, rappeler la morale et la vertu exilées, réunir les esprits, étouffer la discorde, briser les glaives, enchaîner la guerre et la mort ?...

Il y a des hommes, qui (pareils aux héros d'Homère, dont les bras saisissent et lancent dans les airs un énorme rocher), savent aussi, d'une main forte et puissante, soulever pour ainsi dire un grand peuple et le lancer, comme malgré lui, au bonheur et à la gloire. — Ces hommes doivent être appelés, par la force des choses, à sortir d'une obscurité trop coupable et d'une funeste inaction. Ils feront briller enfin des jours de paix, de bonheur et de véritable liberté.

Il est tems de mettre un frein au torrent, et de poser des colonnes indestructibles, au-delà desquelles soient relégués le cahos qui nous a dévorés si long-tems, et les agitations et les troubles, qui ont bouleversé notre territoire. Il faut rendre à la patrie la vigueur de la jeunesse, et lui former un tempérament robuste et à-la-fois exempt des convulsions délirantes et de la langueur de la mort.

Il faut enfin (car l'inévitable nécessité l'ordonne), ou que la hideuse contre-révolution se montre toute entière, et que la royauté reparaisse sur nos cadavres, ou que la république, soutenue par des mains puissantes, se relève et s'affermisse sur des bases impérissables.

Ces bases ne peuvent être que l'indépendance nationale, la liberté civile et politique, l'égalité, la souveraineté du peuple, le système représentatif sagement et fortement organisé, la division précise et la garantie mutuelle des pouvoirs, l'indépendance du pouvoir judiciaire, la responsabilité graduelle et effective des agens exécutifs, la restauration des mœurs préparée par l'éducation publique, un bon système de finances et d'impositions, la propriété garantie, l'industrie encouragée, l'abondance

et la prospérité répandues parmi les citoyens;
en un mot, le bonheur public, idée neuve
sur la terre, et unique but de la formation
des sociétés et des progrès de là civilisa-
tion.....

B. — L'édifice constitutionnel qu'on va
construire ne reposera pas sur d'autres fondemens, — Mais il est nécessaire de reve-
nir de quelques idées que nous avons eues,
et qui, très - bonnes peut-être en théorie,
sont mauvaises dans la pratique chez un
peuple trop corrompu. — *Les meilleures lois
sont celles qu'on peut le mieux comporter.*
Que le peuple se régénère ; et, devenu meil-
leur, il modifiera ses institutions.

A. — Puisque nous parlons du nouveau
code social, qui va être présenté aux Français, je veux vous proposer quelques dispositions fondamentales, indépendantes des différens projets, quels qu'ils puissent être, et
susceptibles d'y être adaptées.

Quoique la destruction successive des
trois constitutions qui ont été données à la
France depuis dix années, ait été le résultat
nécessaire de l'empire des événemens, on
ne doit pas se dissimuler néanmoins qu'une

pareille variation est d'un exemple très-dan-
gereux, et que les conséquences en sont in-
calculables.

Car, si une nation se fait une habitude
et comme un besoin, ou même un jeu, de
renouveller périodiquement sa constitution
par des commotions politiques, alors elle
devient le jouet de toutes les ambitions individuelles, de tous les mécontentemens, de
toutes les factions, qui spéculent sur une
modification ou sur un changement absolu
du code social.

Il n'y a plus de stabilité, ni de patrie.
La foi des sermens méprisée, conduit à un
état de démoralisation et de perversité qui
amene insensiblement la dissolution du corps
politique.

Dans un pareil ordre de choses ; tout
est livré à l'influence de l'étranger, qui,
au gré de son intérêt, peut alimenter des
dissentions, soulever des orages, exciter
des bouleversemens, et finit par déchirer
en lambeaux un vaste et florissant empire.

Il sera donc très-difficile de raffermir la
morale publique ébranlée, et d'attacher les
citoyens à la patrie et aux lois. Car, il n'y

a pas eu jusqu'à présent de patrie , sous une législation incohérente et monstrueuse, qui ne précisait ni les droits ni les devoirs, qui confondait tout., qui n'avait aucunes bases , qui était pleine de contradictions et admettait de continuels changemens.

On doit, je crois, se préparer à prononcer l'abolition générale de toutes les lois, sous lesquelles nous avons été comme accablés, et à former différens codes clairs et simplifiés pour chacune des branches de l'administration publique. — On aura un *code civil*, un *code pénal*, un *code administratif*, des *codes militaire*, *maritime*, *financier*, etc. etc. — Une vingtaine de codes suffiront ; et les lois, réduites à un petit nombre, seront connues de la nation et des magistrats, facilement exécutées, et offriront une organisation complette de l'ordre social, et une application pratique, pour toutes les parties, des principes fondamentaux placés dans la constitution.

C'est alors seulement que la république française aura un régime fixe et durable, et que les mots *urgence* et *provisoire* ne suffiront plus pour convertir en lois les fantai-

sies et les caprices de quelques-uns de ses
représentans. — La loi aura le caractère d'u-
tilité nationale , de solidité et de dignité
qui lui convient. Elle sera respectée , aimée
et observée.

Quant à la constitution , pour qu'elle
puisse être établie sur de bonnes bases , et
à l'abri des tentatives des partis et des
spéculations des passions , ne serait-il pas
utile , avant de la déclarer nationale , de la
faire passer comme par une espèce de no-
viciat ou d'épreuve , qui devienne une garantie de sa durée et un moyen de la perfectionner paisiblement et sans révolution.

Comme dans toutes les sciences la théorie
est insuffisante , si elle n'est accompagnée
de la pratique , ayons d'abord une constitution , pour ainsi dire , *expérimentale*.

Qu'elle soit de suite mise en activité pour
trois ans, et qu'il ne soit permis d'y faire
aucun changement dans cet intervalle. Mais
qu'une commission d'examen ou censoriale
soit organisée , sans autre pouvoir que de
faire et recueillir les observations sur l'action et la marche des rouages constitution-
nels ; de manière que les gouvernans eux-

mêmes , qui en étudient de plus près lés mouvemens , et tous les citoyens puissent concourir à en améliorer l'organisation.

Alors nous aurons un ordre de choses d'autant plus stable , qu'on n'aura aucun prétexte de le troubler. L'époque très-prochaine où il pourra être légalement perfectionné , forcera les factions de s'ajourner ; et on les verra se dissoudre insensiblement dans la masse de la nation , comme les eaux d'un fleuve se mêlent et se confondent avec les flots de la mer.

· Je voudrais aussi qu'on pût consacrer cette clause , que, tous les cinq ou tous les dix ans , la nation, réunie pendant dix jours en assemblées primaires , formerait , par la réunion des vœux individuels des citoyens , des cahiers de départemens (comme ont été les cahiers des bailliages au commencement de la révolution.) Ils présenteraient l'expression du vœu national sur les impôts , les abus et la législation générale. On y trouverait le double avantage d'entretenir l'esprit public , en ne laissant pas la nation trop étrangère aux affaires de l'état , et de prévenir les mouvemens violens , en les rendant inutiles. — Car , *tout état libre, où les grandes crises n'ont pas été prévenues ou du moins prévues , est sujet aux orages ; et, à chaque orage , en danger de périr.*

Si cependant l'idée de convoquer périodiquement la nation toute entière faisait craindre que des agitateurs et des ambitieux ne s'emparâssent de ces occasions pour la troubler, on peut modifier les dispositions proposées , en admettant que , tous les 5 ou tous les 10 ans, la moitié seulement des assemblées primaires sera réunie, pendant dix jours, dans l'un des six premiers mois de l'année *des comices*, ou de la convocation nationale , et l'autre moitié six mois après. — On peut même réduire, pour cet objet, la nation à des fractions plus petites encore , qui se réuniront à différens périodes dans l'année désignée.

Par ce moyen , vous organisez l'exercice de la souveraineté du peuple , dégagé de tous les inconvéniens qu'il présente dans un grand état, et vous avez un motif de supprimer les clubs publics et les réunions politiques, partielles et nombreuses, qui , nécessaires dans une révolution , peuvent , dans une république constituée , devenir des noyaux de partis et des foyers d'agitations et d'intrigues.

Enfin, ne pourrait-on pas former une *haute commission de responsabilité*, composée de vieillards et de propriétaires, et qui ne serait, si on le juge convenable, qu'une subdivision et une section du jury constitutionnaire, qui doit être organisé ? --- Cette commission devrait avoir l'inspection publique des citoyens et des fonctionnaires, exercer une censure morale, et prononcer sur la gestion des premiers magistrats, à l'expiration de leurs fonctions. --- Une pareille institution serait sainte et bienfaisante : elle satisferait la nation et protégerait les magistrats eux-mêmes, en légalisant et régularisant leur mode de responsabilité. --- La haute commission ne pourrait du reste décerner aucune peine, mais déclarer seulement *si les gouvernans ont bien mérité de la patrie*, ou *si leur administration a été vicieuse*.

B. --- Plusieurs de ces dispositions pourront être adoptées. --- Quant à l'idée assez spécieuse d'une *constitution expérimentale*, pour l'essayer d'abord pendant trois ans, afin
d'observer

d'observer ses défauts ; de la modifier, et de la perfectionner sans secousses, pour lui imprimer un plus grand caractère de solidité, et la présenter seulement alors à la sanction nationale ; cette idée ne convient pas aux circonstances, vu la nécessité d'offrir de suite à l'Europe un gouvernement français stable et garanti, avec lequel elle puisse traiter de la paix.

A. --- Un avantage de plus, que promet la *constitution expérimentale*, c'est qu'elle dispense, pour le moment, de la faire sanctionner, ce qui, dans les circonstances actuelles, ne serait qu'une formalité vaine et dérisoire, et pourrait avoir des dangers (1). Au contraire, lorsque trois ans d'épreuve auront fait apprécier à la masse de la nation les effets résultans du régime constitutionnel, elle pourra exprimer son véritable vœu avec connaissance de cause ; et l'acceptation unanime de la constitution aura un caractère de légalité, qui sera le garant de sa durée.

Je ne crois pas que l'Europe puisse s'appuyer de ce prétexte pour refuser de traiter

____

(1) On les a prévenus par le mode d'acceptation.

D

de la paix, le gouvernement français n'en étant pas moins stable et garanti, et l'ajournement de l'expression du vœu national n'étant qu'une mesure de sagesse et de tranquillité. --- On pourrait, en adoptant la disposition en elle-même, ne point mettre en avant le mot de *constitution expérimentale*, mais assujettir par le fait le nouveau code social à une épreuve de trois années, avant de le soumettre à l'assentiment du peuple.

Le projet de réduire toutes les lois passées et futures en un petit nombre de codes à la portée de tous les citoyens, tend à détruire la multiplicité, la complication et la contradiction des lois, ce qui en nécessite l'inexécution, c'est-à-dire l'anarchie. --- Et, pour l'avenir, le mode de leur formation sera réglé de manière qu'*il n'y en aura que peu, difficilement faites et longuement préparées et mûries.*

L'année périodique, que j'appelle *des comices*, ou *l'année nationale*, qui ne reviendrait que tous les cinq ou tous les dix ans, présente un mode d'organisation de la souveraineté du peuple, qui ressemble à nos premiers *états généraux*, dont la convocation était précédée d'assemblées par bailliages, qui donnaient des instructions ou cahiers à leurs députés.

Comme les *comices* n'ont lieu que par fractions partielles, isolées, et à différens périodes dans l'année désignée, il n'y a aucun inconvénient, et vous sauvez un des principes consacrés par la révolution; ce qui ôte tout prétexte de calomnie contre l'ordre social aux novateurs et aux artisans de troubles.

La *haute commission de responsabilité*, d'après l'organisation dont j'ai présenté les bases, n'est qu'une modification additionnelle au jury constitutionnaire, et n'offre aucun danger dans l'exercice de ses attributions, aucun risque de rallumer les divisions intestines par les personnalités, ou les querelles et les haines entre les individus.—Elle nous garantit du double inconvénient, pour les citoyens et les magistrats, d'une *inviolabilité positive*, qui serait *une chimère de fait, et une usurpation de droit.* (1) D'ail-

____

(1) Cette inviolabilité est modifiée par les articles 55 et 72 de la constitution.

leurs, en établissant une constitution, il faut voir les principes et non tels ou tels hommes; il ne faut pas se borner au présent, mais étendre ses vues dans l'avenir. — La haute commission de responsabilité ne menace d'aucuns troubles, et pourra nous en préserver.

J'ajouterai à ces propositions celle d'une fédération partielle prochainement indiquée dans les différentes sections de la république, suivant la nouvelle division qui pourra être adoptée, *et qui devrait cependant comporter, comme subdivisions, les départemens, tels qu'ils existent aujourdhui.* — Ces fédérations auraient pour objet de consacrer cette division nouvelle de la France, de réveiller l'esprit national, de réorganiser par-tout et uniformément les gardes civiques et les colonnes mobiles, pour faire cesser le règne des assassinats, et pour garantir les personnes et les propriétés; d'établir dans tous les esprits l'amour de l'union et de l'ordre; de prévenir le retour et les ravages de l'affreuse guerre de la Vendée et des discordes civiles; de discipliner la nation; et enfin d'attacher tous les citoyens au gouvernement, en prouvant que le gouvernement est uniquement occupé de leurs intérêts et de leur bonheur.....

Je vous présente ces idées, sans être convaincu qu'elles sont réellement bonnes, mais pour que vous veuillez en faire part à ceux qui coopèrent à la constitution et aux loix organiques, et les y faire placer, si on les croit utiles.

B.—Il y en a quelques-unes, qui ont donné lieu à de trop grands abus, pour que de quelque tems on puisse les reproduire. -- Après une longue révolution sur-tout, et chez une nation très - inflammable, elles pourraient devenir des principes de destruction. — Ces grandes réunions populaires présentent trop souvent l'affligeant tableau de plusieurs milliers d'individus bien intentionnés et de bonne foi , qu'une douzaine d'intrigans et de malveillans masqués suffisent pour égarer et entraîner à de fausses mesures. — Nous avons d'ailleurs trop de grandes villes, des passions trop contagieuses, et trop peu de mœurs nationales; nous sommes trop sujets à l'influence étrangère, qui a eu tant de part aux crises de la révolution.

Cette *année des comices*, ces fédérations,

pourraient être sans inconvénient chez les Américains, nation froide et flegmatique, éloignée des gouvernemens qui voudraient s'immiscer dans ses affaires intérieures, ne dépendant point, comme nous, des intrigues étrangères, ayant des villes moins populeuses, et des mœurs privées et publiques; des citoyens tous laborieux, actifs, occupés; moins de brouillons, d'oisifs et de chevaliers d'industrie en politique..... —Il nous faut un gouvernement, et *on ne gouverne pas avec le bavardage* et les grandes assemblées.

Organisons, j'y consens, la liberté de la presse, comme le boulevard de la liberté. —Qu'elle soit fortement garantie sous le rapport politique, mais restreinte seulement sous le rapport civil, pour se concilier avec l'impuissance ou la répression de la calomnie.

Qu'on discute sagement et avec modération, les lois et les actes de l'autorité. La vérité sera écoutée avec joie. Mais il faut enfin bannir la manie des dénonciations, des attaques personnelles, des injures et des provocations à l'insurrection ou à la dissolution du gouvernement. —Car, je le répète, un gouvernement, qui a pris sur lui la responsabilité du salut et de l'affermissement d'une grande république, entourée de dangers extérieurs et intérieurs, ne peut pas laisser compromettre son existence, sans compromettre aussi celle de l'état; et il a pour lui les vœux et les intérêts du peuple..... ou, s'il les trahit; par la force seule des choses, il ne tardera pas à s'écrouler, comme tous ceux qui ont existé avant lui.

. Les bons écrits, les ouvrages raisonnés sur le gouvernement, voilà la voix du peuple et le vrai supplément des clubs et des assemblées populaires. — Assurer le triomphe et la propagation des lumières publiques, c'est donner une base inébranlable à la liberté. — Il serait à desirer qu'un gouvernement pût savoir combien un bon livre a d'acheteurs et de lecteurs; ce serait un moyen à-peu-près sûr de connaître le vœu national, et d'avoir de véritables instructions pour les législateurs et les magistrats.

· *A.* — Ne trouvez-vous pas que c'est beaucoup trop circonscrire le nombre des citoyens, et que c'est écarter de l'intervention des affaires publiques la masse entière du peuple, et la classe moyenne, qui lit peu, parce qu'elle travaille , parce qu'elle est dans les campagnes, dans les manufactures , dans les ateliers, dans les armées; mais qui n'en est pas moins partie intégrante de l'état ?

B. — Je sais qu'après être tombé dans un excès, il ne faut pas tomber dans un autre, et que pour avoir éprouvé le danger de trop identifier le peuple à l'administration, il ne faut pas donner dans un extrême opposé, en l'isolant entièrement de la politique.

Mais les hommes éclairés , qui ont un sens droit et qui joignent ordinairement un cœur chaud à un esprit vaste, se trouveront, par le bienfait de l'éducation nationale , sortir à-la-fois des différentes classes de la société ; et ils seront bien plus les *représentans du peuple*, que ceux qui en usurpent le titre imposant, pour opprimer et trahir ce *souverain*, tant vanté par des bouches hypocrites.

A. — Conservons au moins les municipalités , ces magistratures populaires, placées près des citoyens comme un intermédiaire entr'eux et l'autorité , destinées à maintenir l'union dans les villes, à offrir

des protecteurs au peuple , et qui , en pré-
sentant un mode d'administration doux et
paternel , retracent l'image des *patrons* chez
les Romains.

Conservons les juges de paix , ce premier
bienfait de la révolution , et assurons la
bonté des choix , qui doivent sur-tout se fixer
sur des hommes déjà établis et propriétaires ,
d'un certain âge , pères de famille , d'une
moralité connue.

Conservons enfin l'institution touchante
et sainte des jurés , qui est le bouclier de
la liberté civile.

Si on respecte ces trois clauses fondamentales dans l'ordre administratif et judiciaire ,
l'opinion publique verra qu'on s'est borné
à élaguer , avec discernement et sans prévention ni passion , ce qui était nuisible
et dangereux de ce qui est raisonnable et
juste , et elle couronnera d'une approba-
tion méritée les travaux de ceux qui ont
promis de nous sauver (1).

---

(1) *Le tribunal de cassation* est aussi une institution belle et salutaire , dont la destruction ef-
fraierait les citoyens. Car l'indépendance du pou-

B. — Ces bases ne seront point ébranlées, et les droits des citoyens seront en sûreté.

A. — Pourrais-je vous demander maintenant quels sont les principes fondamentaux de la constitution ?

B. — En voici quelques-uns; et en même tems, je vous expliquerai les motifs qui ont porté à les adopter.

Le peuple français sera organisé de manière que tous les citoyens, sans exception, qui auront des talens et des vertus capables de les distinguer, pourront prétendre à tous les emplois, sans que néanmoins la médiocrité présomptueuse se jette dans des calculs

---

voir judicaire est une des bases premieres de la liberté ; et , si on voulait transporter au ministère de la justice les principales attributions du tribunal de cassation , la fortune, les propriétés, la vie, l'honneur des citoyens seraient livrés à un seul individu et à ses alentours, c'est-à-dire , à l'arbitraire , à l'intrigue et à la vénalité. — Dans l'ordre politique, les *contrepoids* sont des *soutiens* ; vouloir ôter tous les contrepoids, et tout concentrer exclusivement dans le pouvoir exécutif, ce serait, je crois , une erreur dangereuse et un principe de tyrannie. — Le *tribunal de cassation* est conservé dans la constitution , art. 65.

chimériques, au lieu de se borner à une des-
tination sage et modeste , qui lui convienne.
Chacun pourra être à sa place.

A. — L'égalité politique ne doit être en
effet que la faculté donnée à ceux qui ont
plus de vertus, de talens et de capacité que
leurs semblables, d'arriver aux emplois, mais
non l'introduction dans les emplois de tous
les citoyens. — Car il doit y avoir toujours
des agriculteurs, des manufacturiers , des
commerçans , et tout le monde ne peut pas
gouverner ; mais *tout le monde doit pouvoir
y prétendre* , et sur-tout être à l'abri des vexa-
tions des gouvernans. — Je conviens que tous
les hommes ne sont pas également propres aux
affaires publiques , comme ils ne sont pas
tous également grands, beaux, bien faits: les
différences, dans le moral, sont déterminées
par la nature, comme dans le physique. —
C'est à l'éducation à les faire bien ressortir,
et elles doivent seules présider aux élections,
qu'il importe d'affranchir de toute autre espèce d'influence....

B. — Il y a environ sept à huit millions de
citoyens , sur vingt-cinq millions d'habitans
de la France, dont nous retranchons les fem-

mes, les enfans, et les jeunes gens jusqu'à l'âge de vingt-un an, et les vieillards dans la caducité.

Ces huit millions se réduisent, par l'opération d'un scrutin qui est ouvert, pendant un mois, à cinq cent mille *électeurs*, qui, répétant entr'eux une semblable opération, se réduisent à cinq mille *éligibles*, parmi lesquels seuls on choisira pour nommer à tous les emplois (1).

Ainsi, aucun ne pourra être nommé qu'il n'ait été d'abord désigné par les suffrages du peuple ; et, en évitant les assemblées primaires trop orageuses, et qui arrachent pendant long-temps les citoyens à leurs travaux respectifs, nous conservons cependant, plus religieusement que dans la constitution de l'an 3, le principe rigoureux de la souveraineté du peuple, duquel en premier lieu doivent émaner tous les choix.

Le jury constitutionnaire, appellé *sénat conservateur*, qui sera composé de quatre-

____

(1) La constitution, art. 7, 8 et 9, a consacré trois sortes de listes, *communale*, *départementale* et *nationale*.

vingts membres, *inamovibles et à vie*, mais ayant quarante ans accomplis, sans passions, sans ambition, et désormais inadmissibles à tout autre emploi, aura le choix des membres du *tribunat* et du *corps législatif*, parmi les cinq mille éligibles.

Le *tribunat*, ou *chambre des débats*, sera composé de cent députés, et aura la discussion des lois, dont l'initiative appartiendra à un conseil d'état de trente membres, placé près le pouvoir exécutif. — Le tribunat sera aussi le grand jury national pour accuser les ministres prévaricateurs et les agens de l'autorité.

Le *corps législatif* sera composé de trois cents députés, qui n'auront que la faculté d'approuver ou de rejeter les lois, sans les débattre. — Elles seront discutées, en leur présence, par trois orateurs du *tribunat*.

Le pouvoir exécutif sera confié à un premier consul, qui aura toute la représentation du gouvernement, la réception des ambassadeurs et toutes les nominations aux emplois, et à deux autres consuls qui seront appelés à coopérer avec lui aux délibérations.

On a jugé nécessaire de laisser tous les

choix au premier consul, pour que les places, objet de toutes les intrigues qui ébranlent un gouvernement, cessent d'offrir aux partis des moyens d'agitation continuelle. — Un seul homme est moins circonvenu que plusieurs, et moins en danger d'être détourné des bons choix; il peut y mettre plus de discernement et les diriger dans un même esprit, ce qui ôte l'inconvenient de la mobilité continuelle dans les fonctions. — Il y aurait beaucoup plus de considérations personnelles, si chacun des trois consuls pouvoit porter ses créatures, et accepter celles de ses collègues pour faire passer aussi les siennes.

Les consuls seront en exercice pour dix ans; et tous leurs actes seront nuls, à moins d'être revêtus de la signature d'un ministre. — Les ministres seront nécessairement et rigoureusement responsables, et accusables par le *tribunat* et le *sénat*.

Outre les ministres, il y aura, près les consuls, le conseil d'état dont je vous ai parlé. — Les consuls sortans de charge, entreront de droit dans le *sénat conservateur*.

.....Plus la génération actuelle est dégradée et corrompue, et tous les principes ébran-

lés par les secousses multipliées de la révolution , plus il faut remettre en des mains
pures et fortes , et pour long-temps , les des-
tins de l'état ; de manière que le gouvernement soit assez durable par l'acte qui le cons-
titue, pour jeter les fondemens avec certitude
de bâtir l'édifice , et qu'il soit maintenu jusqu'à ce qu'une autre génération soit arrivée
à maturité , et que la nation soit renou-
velée.

Ces vérités effrayent quelques amis sincères de la démocratie, et sur-tout les hommes
qui n'aiment que troubles et factions. Mais
que tous les patriotes soient de bonne foi , et
qu'ils jugent la révolution. Qu'ils disent si
on pouvait espérer de la sauver , sans les remèdes un peu violens qu'on a employés et
sans les principes vigoureux qu'on veut établir.

Que les vrais Français pèsent ces réflexions, examinent le passé , calculent l'a-
venir , et voyent s'ils doivent se féliciter ou
s'affliger des résultats de la journée du 18 brumaire , qui pouvait , entre les mains d'un
ambitieux , devenir une journée de sang , et
tourner , comme tant d'autres , au profit des

vengeances et des partis, et qui, au contraire, n'aboutira qu'à tirer la France de l'état de dissolution où elle était plongée....

A. — On peut d'ailleurs observer que, quoique la position désespérée où nous étions, les malheurs que nous avons éprouvés, les ressentimens des diverses factions, la corruption extrême de notre siècle nous aient obligés peut-être à *oligarchiser* un peu le gouvernement, (pour qu'étant moins variable, il y ait moins de chances pour les ambitieux et les agitateurs); il n'en sera pas moins facile de *démocratiser* jusqu'à un certain point les institutions, pour préparer une race d'hommes meilleurs que ceux qui existent.

B. — Oui, sans doute , l'éducation nationale sera jetée dans un moule vraiment populaire.... —On parle de république, et il n'y a point d'instruction républicaine. La guerre détruit tous les jours des citoyens , et l'éducation n'en forme point de nouveaux. —Nous aurons des *pensionnats nationaux*, qui offriront à-la-fois des camps , des ateliers , une discipline sévère , des études en tout genre pour les métiers, les sciences et les arts. —

L'éducation

L'éducation sera physique et morale. Pour la première, les enfans seront organisés en bataillons et en compagnies, commandés par leurs capitaines, et formés par des instructeurs militaires, anciens défenseurs de la patrie. Il y aura des jeux, des luttes, des exercices, des combats, des récompenses. — Pour la seconde, ils seront distribués en classes, présidées par des élèves-instituteurs, et il n'y aura de maîtres que pour instruire. — On établira ainsi une action et une réaction de l'indépendance et de l'autorité, et les enfans auront, dès leurs premières années, l'image de la vie sociale à laquelle ils sont destinés.... On doit, pour le moment, les placer comme dans des *Lazareths*, et les séquestrer de la société, pour les garantir de la contagion et pour former une génération nouvelle....

Et, dans dix ou vingt ans, si les Français sont plus vertueux, plus susceptibles de lois austères et républicaines, ils amélioreront leur code social ; ou, s'ils sont fous et méchans, ils feront encore à leur gré des folies ou commettront des crimes....

Mais du moins, suspendons les fureurs et

E

les troubles. — Soyons sages quelques années, pour être ensuite, si nous le voulons,
fous avec impunité. — Aujourd'hui, notre
existence en dépend. — Le premier besoin
est de sauver le vaisseau du naufrage.

Ne serez-vous pas heureux, Français, et
vous, patriotes, et vous tous, citoyens paisibles, de conserver votre république, hors
de laquelle vous n'avez plus à attendre que
la dissolution de votre patrie ; d'avoir un
gouvernement, une constitution, la paix,
le temps de respirer, un long armistice inté-
rieur, une suspension, ou plutôt le terme
tant desiré de toutes les actions et réactions
révolutionnaires ?

Embrassons-nous, oublions nos passions
pour nous occuper du bonheur de notre patrie.

Rappelons la révolution à sa direction véritable, qui la rendait chère à la masse des
citoyens.

A. — Si tout ce qui est promis se réalise,
si on voit enfin de la loyauté, de la justice
et une ferme volonté de faire le bien, tous
les efforts des particuliers viendront seconder
le gouvernement, et la journée du 18 bru-

maire sera bénie de tous les vrais Français.
Car *les révolutions veulent étre vues de
loin, et sont jugées par leurs résultats.* —
Mais, si nous voyons encore les mêmes fureurs, les mêmes divisions, les mêmes fautes,
il n'y aura de salut ni pour nous ni pour les
gouvernans. Leur sort est inévitablement lié
à celui de la nation qui leur confie ses intérêts ; et, *si les filets invisibles de l'étranger
les enlacent , comme leurs prédécesseurs ,
malheur à eux, et malheur à nous !* un horrible destin nous attend....

B. — Ces restes de soupçons et de craintes
auront bientôt disparu. — Plus on a été trom-
pé , plus on est défiant. Mais plus on est mal-
heureux, plus on est disposé à se prêter à tous
les remèdes dont on espère sa guérison ; et *il est
plus facile, peut-être, de gouverner un peuple
long-temps écrasé sous le poids de l'infor-
tune , qu'une nation neuve et dans la prospérité.* — Le gouvernement est aujourd'hui
dans la position la plus favorable pour déve-
lopper les ressources nationales , pour profiter
des fautes même qui ont été faites , et des
malheurs qu'on a soufferts.

Le lendemain du jour où la constitution

aura été mise en activité, nous avons droit d'espérer une paix sur les bases de celle de Campo-Formio ; et la nécessité, autant que la justice et la politique, commanderont d'y stipuler la liberté, au moins d'une partie de l'Italie. — Là sera un asyle pour tous les réfugiés, qui ne se fieront plus aux promesses d'amnistie ni aux capitulations signées, après l'affreux spectacle de plusieurs milliers de Napolitains décapités, fusillés, pendus, mis aux fers ou déportés, dont la liste, envoyée officiellement à Vienne, a été repoussée avec horreur par l'empereur lui-même....

Si les rois croyent pouvoir mépriser des offres sages et modérées, le peuple français, qui verra que ses consuls auront voulu sincèrement la paix, mais une paix honorable et durable, qui seule peut lui convenir, se prêtera sans peine à faire encore un dernier effort de guerre.

Une nation a de la confiance, de la constance et du zèle, quand elle voit dans le gouvernement des vues saines et justes, et de la franchise et de la bonne volonté.

Mais l'Europe entière est fatiguée comme

nous ; et la lassitude des peuples qui ne veulent plus prodiguer leurs trésors et leur sang
aux caprices barbares des gouvernemens , et
le vœu général de tous les bons esprits et des
amis de l'humanité , forceront d'accepter des
conditions également utiles pour tous et
offrant une garantie , et le fléau de la guerre
cessera d'ensanglanter le monde....

A. — C'est alors qu'on pourra s'occuper
sérieusement et avec succès de réformer les
abus, de réorganiser l'administration, d'abolir la peine de mort , ce *parricide des lois* ,
de diminuer les impôts , d'utiliser tous les
talens , de tourner l'activité nationale vers
l'agriculture , les défrichemens, le commerce,
les travaux publics, les canaux, les établisse-
mens util.., les manufactures. — On rendra
les enfans à leurs familles, les bras laborieux
à nos campagnes. Nous pourrons jouir enfin
de cette liberté , pour laquelle nous n'avons
encore fait que des sacrifices ; de notre gloire
et de la sureté , qui ne sont pour nous que
dans la conservation du régime républicain.

B. — La moralité renaîtra dans le gouvernement et dans la nation. — La loyauté

sera la première base du nouveau système politique, et la probité et la bonne foi présideront au nouveau système de finances. — *La concurrence et la publicité des marchés, l'égalité dans les paiemens, la répression d'une vénalité scandaleuse*, préviendront les abus dont on a gémi trop longtems. — *Une sage économie, une habitude d'ordre, une scrupuleuse comptabilité, suppléeront à l'insuffisance des impôts. — L'art du législateur, a dit Mably, consiste à diminuer les besoins de l'état, et non pas à augmenter ses revenus pour subvenir plus aisément à ses besoins.*

On respectera les personnes, les propriétés et la pensée des citoyens.

Tous les cultes seront libres ; car il est naturel que chacun ait la liberté d'adopter et de pratiquer la religion qui lui convient. Cette liberté-là fait essentiellement partie de celle dont nous parlons tant, et que nous avons si peu connue.

Le règne des égorgeurs finira ; car la mort, abolie pour tous les autres crimes, sera réservée pour le meurtrier, et les amis de la république ne seront plus sous les poignards. — Quel est le gouvernement qui peut dormir tranquille, quand il y a autour de lui une organisation d'assassinats?....

Les soldats ne prodigueront plus leur sang et reverront leurs foyers.

La république existera florissante.....; Qui pourrait ne pas tressaillir de joie, en voyant ainsi la perspective prochaine de réparer tous nos maux, à l'époque où ils étaient à leur comble?....

Excepté les émigrés royalistes, qui ont divorcé pour jamais avec la révolution et avec leur patrie, et dont la rentrée ne pourrait qu'effrayer les acquéreurs de biens nationaux et troubler l'état, nous rappellerons tous les hommes proscrits par les factions, et les déportés de fructidor; et les condamnés de Vendôme, qui languissent dans le fort de Cherbourg; et Carnot, qui n'a point d'asyle chez les rois, quoiqu'ayant perdu la confiance des républicains; et l'estimable Sicard, si précieux aux amis de l'humanité; et Billaud-Varennes, qui désespère sans doute de revoir le sol français; et Barrère, qui est obligé de se cacher dans sa propre patrie.....

Tous ces hommes seront, pour la première

année de leur retour, placés en surveillance dans des communes désignées, et ils rentreront ensuite dans la classe des autres citoyens.

Avec eux , nous rappellerons les sentimens généreux, l'oubli des haines passées, la concorde , l'amitié , la générosité , la modération , toutes les vertus , premières bases des républiques.

Voilà le système et les plans du gouvernement. Il croit obéir au vœu national par ces différens actes , et bien mériter de la patrie. Il veut marcher à découvert , parce que ses intentions sont droites et grandes , et font sa force. La dissimulation , la tortueuse hypocrisie et la fausseté ne conviennent qu'aux gouvernemens faibles et mal intentionnés. — Ceux qui voudront concourir à cette noble entreprise d'affermir les destinées de la France , effaceront toutes les calomnies dont ils auraient pu être l'objet, et mériteront la reconnaissance et l'estime de leurs concitoyens. — Ceux au contraire qui s'opposeraient à l'établissement d'un

pareil

pareil ordre de choses, seraient les ennemis
de la république ; et , soit folie , soit perversité , serviraient l'étranger , et ne seraient
regardés que comme des agitateurs malfai-
sans, qui voudraient replonger la patrie dans
un abîme de maux.

Quant aux hommes à faction , éternelle-
ment mécontens , on doit leur donner ce
conseil salutaire, que la déraison seule peut
repousser ; *Lorsqu'une grande opération
politique présente à quelques hommes un
résultat qui leur déplaît , ces hommes doivent se demander , avant de la décrier
publiquement , si la publicité de leur opinion doit être utile ; et, si la chose est irré-
parable , ils doivent étouffer un imprudent
murmure , s'imposer un silence nécessaire,
et du moins s'approprier les avantages qui
leur restent encore. — Tout a son bon et son
mauvais côté sur la terre. Il faut, des événemens même qu'on croit nuisibles , faire
naître le bien et savoir maîtriser la fortune.*

A. — J'ai recueilli avec avidité les ren-
seignemens et les détails précieux que vous
venez de m'offrir. Je vais, si vous y consentez,

en publier une partie, qui ne manquera pas d'intéresser tous les amis de la patrie; et nous pourrons, une autre fois, reprendre et continuer cet entretien, pour examiner et discuter les différentes améliorations, dont les branches de l'administration publique sont susceptibles, pour calculer les moyens de neutraliser l'influence de l'étranger, et pour faire approcher des gouvernans les vérités utiles, qu'ils doivent s'empresser d'accueillir, quand le patriotisme et les lumières les présentent avec décence et modestie.

F I N.